거룩한 행자

안원찬 시집

문학의전당 시인선
0288

거룩한 행자

안원찬 시집

문학의전당

시인의 말

달빛에 만발한 벚꽃이

그립다. 빈 가지에 피어난 설화처럼,

2018년 7월 옥류산방에서
안원찬

차례 시인의 말

제1부

유정란　13

날마다 좋은 날　14

짜깁기　16

독거노인　18

탑골공원　20

두드러기　21

제삿날　22

차(茶)나 마시게　24

비의 꽃 활짝 피웠으면 좋겠다　26

감기몸살　28

내 몸은 오물투성이다　29

폐교　30

그녀는 아직 배냇짓을 한다　32

키스는 열쇠다　34

시　36

제2부

밤나무—긴밭들 1　39
빈집—긴밭들 2　40
성산터 마을 사람들—긴밭들 3　41
밤의 영혼들—긴밭들 4　42
늙은 살구나무—긴밭들 5　44
상두—긴밭들 6　45
좋은 친구—긴밭들 7　46
항아리—긴밭들 8　47
긴밭들에 가서 살고 싶다—긴밭들 9　48
무청—긴밭들 10　50
갈 들녘 바라보고 있으면—긴밭들 11　51
그리운 말순이—긴밭들 12　52
염소젖에 대한 단상—긴밭들 13　54
늙은 고야나무—긴밭들 14　56
누가 주인공인가—긴밭들 15　57
회춘—긴밭들 16　58

제3부

방동사니　61
행복 수선집　62
탁상용 선풍기　64
차 안에서　66
나는 생소주에 녹는다　68
겨울 쫓는 찐빵　69
겨울이면 떠오르는 그 그리움　70
새벽 인력시장에서　72
네 주둥이는 기형(畸形)이다　73
챔피언이었다　74
자전거 보관소를 지나며　76
눈발들　78
도미　79
상조보험　80
신을 모시고 산다　82
낚시터　84

제4부

헛개나무　87
백일홍　88
성탄목　89
거룩한 행자　90
모과　92
냉이의 생존경쟁　93
소상(小祥)　94
해우소　96
구취　97
그토록 날 미워했던 당신은　98
사랑의 매개자들　100
등나무와 호박벌　101
별꽃　102
세탁소　103
나비랑 나랑　104

해설 | 일상성의 시학　105
　　　오민석(문학평론가·단국대 교수)

제1부

유정란

친손자 즐겨 먹는 계란프라이 할 때마다

프라이팬 위에서 지글지글 익어가는 소리가

내게는 꼭 살 타는 소리로만 들린다

유정란은 아직 생명이 살아있는 계란

그러니까 불심 깊은 나는

친손자의 입맛을 위해

서슴없이 살생을 저지르고 있는 셈이다

아, 새삼 생각하니

삶이란 얼마나 기막힌 농담인 것인가

날마다 좋은 날

울음 더듬는 빛이 술병 조각에 베인 채
자욱한 안개 짙어지고
절룩거리며 되돌아가는 것은
현세의 마지막 연출이다

각자의 시나리오에 의해
스스로 연출하며 닿는 곳곳마다
전부가 무대이어도
배우인지
연출인지
관객인지 모르고 사는 삶은 허송세월이다

차라리 벙어리같이
소경같이 귀머거리같이 살면
검은 안개 이고 가던
하얀 안개 이고 가던
가도 가도 그 자리
이르고 이르러도 그 자리

그 이상도 그 이하도 아닌 그 자리다

그대로 보라
무상무념(無想無念) 무념무상(無念無償)으로 살라
마른하늘 불러 비 내리게 하는
날마다 좋은 날이다

짜깁기

키보드 위에 흩어져 있는 파편들
손가락으로 툭툭 치면
톡톡 튀어나와 종알종알 모니터를 점령한다

제멋대로 엉켜 있는 놈들에게 구령 부친다
'백 미터 전방 축구 골대 돌고 와 일렬종대로 섯'

열 명씩 끊어 끝까지 뺑뺑이 돌리는 선착순

원고지 칸칸이 감옥이다
수없이 감옥을 들락거리는 파편들
원고지 속에서 머리 짓찧으며
오랜 불면의 밤을 밝히고
직병렬로 짜깁기된 문장들
줄지어 나온다

파편들이여
외롭다 하지 말고

육경(六境)*과 천년만년 동고동락하라
시도 때도 없이 짜깁기 당하며 살라

---

*색(色), 성(聲), 향(香), 미(味), 촉(觸), 법(法)을 말한다.

독거노인

독거는 독거다

창틀에는 먼지가 덕지덕지 쌓여 있고
천정에는 알록달록 지도가 그려져 있고
벽 구석구석 갈라진 틈새마다
시커먼 곰팡이가 피어 있다

댓돌에는 시퍼런 꽃이 피어 있고
마당에는 잡초가 하늘 무서운 줄 모르고
지붕에는 버섯들이 솟아 있고
철 대문에는 붉은 꽃물이 흘러내리고 있다

독거는 독거다

이 모두는 늙음의 꽃이다
어떤 모양으로 피든 어떤 색깔로 피든
말없이 피었다가
말없이 가야 하는 꽃이다

저승
꽃이다

탑골공원

공원으로 출근하는 사람들
손바닥 비벼대며 여기저기 기웃대는 사람들
젊은것들 바라보다
마주치면 딴청 부리는 사람들

해종일 사람 쬐는 사람들
밥때 되면 줄이 되는 사람들

아 참, 안경 끼고 비쩍 마른,
그 사람 요즘 안 보이네
어허 마나님 따라 먼 길 간 모양이구먼
겨울 넘겨야 애들 덜 고생할 텐데……

두드러기

언젠가부터 내 몸속에 살고 있는 두더지
퇴화한 눈 때문에 후각 청각이 더욱 예민해진 두더지는
살아있는 생명체만 먹고 산다고 한다
먹이는 머리부터 먹거나
반쯤 죽여 도망가지 못하게 한다고 한다
두드러기는 허약체질을 좋아한다
날씨가 흐린 날이면
어김없이 몸속에 두렁을 파며 쏘다니는 두더지
두더지가 내 생활을 관장한다
요즘 정국이 수상하다
곳곳을 들쑤셔대고
뒤를 캐 동향을 보고하는 등
증상은 분분한데 실체가 없다
우리 시대 두더지들은 얼굴을 보이지 않는다
여기저기 가렵다고 아우성치는 사람들이 늘고 있다

제삿날

오늘따라
하늘에 별들이 또렷하고 앞산이 성큼 다가오는
느낌이다 무덤이 훤하게 빛나고,
베란다 창고에서 제상과 제기가 들어오고
장롱 위에서 잠자던 병풍이 내려온다
분주하게 준비한 제물이 진설되고 현관문 열어놓자
지게질 쟁기질 호미질 낫질밖에 몰랐던 조상
하얀 두루마기 입고 들어온다
아파트 거실이 생소한지 주저주저하다가 마침내
자리 잡고 앉으며 아이고
시골집 갔다가 이사 온 집 찾느라 애먹었단다
강신하자 제상 머리에 앉는다
참신하고 축문 고하고 첨작하는 동안
술로 목축이고 식사한다
젓가락 내려놓는 소리에 숭늉 올리고
지방 걷어 향로에 불사르자 현관문이 여닫힌다
제상 돌려놓고 둘러앉아
산적 편육 전을 안주로 퇴줏그릇까지 비우는 음복

미리 와서 제수 장만 돕기는커녕
음복 철상하기도 전에
집에 갈 채비로 부산떠는 지차들보고
맏며느리만 며느리냐 그럴라치면 담부터 오지 말라는
아버지의 역정에 앙앙거리며 주저앉은 지차들
아버지 죽으면 끝장이라는 둥 말쌈질해댄다
제삿날이면 일가족 모여 갈등 확인하는 날이다
칡과 등나무가 서로 얽히듯

차(茶)나 마시게

다 늦은 저녁

툇마루에 앉아 샘물로 녹차를 달인다

반쯤 달이자 비로소 향기 들리고

다로에서 솔바람 소리 들린다

부드럽게 타오르는 불빛 둘레의 어둠을 비춘다

이윽고 찻잔에 차를 따른다

녹황색 돌고 맑고 은은한 향기

담백하고 청초한 맛

그토록 오묘한 빛과 향 어디서 오는 걸까

별빛 바람 이슬 안개 구름 눈 비 햇볕

이런 정기 한데 엉켜 이루어졌기 때문일까

마시고 나면 물이 흐르고

꽃이 피는

비의 꽃 활짝 피웠으면 좋겠다

1
천둥과 번개의 스틱으로
땅바닥 신나게 난타하는 빗줄기의 드럼 소리
매일 밤 시원하게 꿈을 적신다
하지만 눈뜨면 하늘은 요지부동
달도 별도 마른 이야기꽃만 재잘재잘 피워댄다
주물공장 용광로처럼 온 세상 지글지글 끓는다
땅속 어미 거북
새끼들 죄다 밖으로 내보냈는가
논배미마다 다닥다닥 엎드려 있다

2
여우비라도 줄금줄금 내리면 좋겠다
메마른 지갑에도 내리면 좋겠다
메마른 가슴에도 내리면 좋겠다
메마른 블로그에도 내리면 좋겠다
치솟은 채솟값도 내리면 좋겠다
개미들 이사하고 청개구리들 끌끌 끌끌 울어

비구름 몰고 오면 좋겠다
오랫동안 침묵했던 비
가락국수처럼 내리 쏟아지면 좋겠다
육중한 소리 내며 지상을 강타하면 좋겠다
논바닥에 엎드려 있던 거북이 새끼들
공포에 질려 까무러치더라도,
가뭄 속에 쑤셔 박혀 있는 가뭄
끄집어내어 물속에 꾹 처박으면 좋겠다
나무젓가락처럼 마른 봇도랑에 앉아
콩닥콩닥 가슴 조이며 마른 숨 내쉬는 농부
입술부터 촉촉 취했으면 좋겠다

감기몸살

소식 끊고 지내던 여인, 어느 날 불쑥 찾아와
살가운 측근 되어달라며 끈질기게 졸라댄다
바깥일은 고사하고 밥맛조차 앗아가고
저만 챙겨달라 보채고 앙탈 부린다
잊을 만하면 찾아와 생활 흩트려 놓는
그녀의 강짜 날이 갈수록 드세어진다
콧물이 내를 이루고 그렁그렁 가래 끓고
눈알 튀어나올 듯 토해내는 기침
삼백육십 개 뼈마디가 아근바근
일백삼십억 개 신경세포 육백오십 개 근육
동침으로 찔러대듯 콕콕 쑤셔댄다
그녀 앞에 간절한 심정으로 무릎 꿇고
생업까지 중단해서야 되겠냐고
아무리 사정해도 콧방귀도 안 뀌던 그녀
한 달포 내 생의 멱살 잡고 마구 흔들어대더니
어느 날 홀연 거짓말처럼 자취를 감춘다

내 몸은 오물투성이다

내 몸에 난 아홉 구멍에서는
눈물 눈곱 귀지 콧물 코딱지 침 가래
오줌똥이 나오고
머리통 속에는 뇌수
몸통 속에는 점액 진물 지방 피 관절액
쓸개즙 기름 가득 차 있고
뼈와 힘줄로 감싼 살갗에서는
땀과 때를 배설한다
얼빠진 정신에서 입성 허름한 군상들 향해
껍죽대고 뻐기고 깔보는 자체도 오물이다
업장 짊어지고 쭈글쭈글 늙어온
소양강 쏘가리처럼 쏘다니며
방귀 하품 트림 토해내고 있는

폐교

바닷가 학교

풀들이 일어나 보건체조로 아침을 연다

행글라이더가 되어 하늘을 나는 제비들

울타리 아래 풀밭 돌며 훈장질에 바쁜 염소

구구단 외우는 비둘기들

어둠이 국수처럼 풀어지자

달과 별들 연못에 내려와 시 쓴다

풀벌레들 합창하고

버짐나무 이파리들 시끌벅적 와르르 손뼉 쳐대고

풍뎅이들 반딧불이 야간자율학습에

열중이다

그녀는 아직 배냇짓을 한다

온종일 앉아 있는
그녀의 의자에서는 갓난아이 냄새가 난다
옹알옹알하는 소리가 들린다
명치끝까지 치민 복압에 뒷물질 어렵고
잘 체한다고 가슴 도닥이는 그녀
야근 때문에 때때로 퇴근버스 놓친다

반찬이라곤 무장아찌가 전부라는
그녀에게 식단표 보여주며
새 우주 생성하는 대 우주 위해서라며 너스레 떨면
격일제로 근무하는 남편 때문에
외로움 탈 때가 많고
이슬이 비치고 통증 오면
혼자 병원 가야 한다며 선잠에 취한단다

햇살 속으로 생산시킬 양수가 부족해
물 많이 마셔야 한다며 꿀꺽꿀꺽 소리를 낸다
까르륵까르륵 하다가도 옹알거리는

딸을 낳고 싶다는 그녀
배냇저고리 기저귀 모빌 신발 등속 사놓고
잔잔한 음악 들으며
예쁘고 맵시 좋은 연예인 사진들만 골라본다

눈 코 입 쫑긋거린다
얼굴 찡그리다가도 생긋뱅긋거린다
입과 볼 오물거린다
손 발질로 불쑥불쑥 일어나는 뱃가죽
보란 듯 깜짝깜짝 놀라다가도 잔즛이 쓸어내리는
그녀는 아직 배냇짓을 한다

키스는 열쇠다

키스는 군불 지피는 것이다

아무런 계산 없이 뜨거운 아날로그 신호를 발생시킨다

쿵쾅쿵쾅 심장 뛰는 소리가 전신을 울린다

주춤거리던 혀와 혀가 이내 어울린다

알 수 없는 종소리가 난다

구름 같은 애무에 몸이 휘어진다

둥둥 뜬다

60조의 세포에 천만 볼트의 전류가 흐른다

별 없는 그믐밤같이 거리감 사라진다

지축을 흔들어댄다

깍지에 끼인 돌개바람처럼 소리 내어 운다

도둑이 다녀가도 모를 무아경에 툭 떨어진다

키스는 말없이 온몸에 붉은 꽃을 피우는 뜨거운 대화다

시

송이송이 흰 글자들 쏟아져 내린다

벌판의 갱지에 소복하게 내려앉아

반짝반짝 서정을 빛내고 있다

스멀스멀 피어오르는 저녁연기 사이

일찍 찾아온 개밥바라기별

더듬더듬 시를 읽는다

제2부

밤나무
―긴밭들* 1

 성산터 길목 동네 어르신으로 불리는 밤나무가 있다 갈라지고 들뜬 흙색 수피를 보아 족히 백 살은 넘었을 것이다 유월이면 진동하는 수꽃 내에 감전된 여인들 콧구멍 실룩거린다 팔라당팔라당 날리는 이파리들, 유아들 탈 없이 잘 자라도록 가시 옷 입혀 무럭무럭 키운다 양수 없이 붉은 알밤 울컥울컥 토해내며, 이웃 댕댕이들 허공 북북 찢어대며 컹컹 짖고, 다산으로 수척해진 근골 비 햇살 바람에 매 맞은 잎들 흙으로 돌아가 깊은 안식에 든다

---

*강원도 홍천군 홍천읍 장전평(長田坪)의 옛 지명.

빈집
—긴밭들 2

마당은 풀들이 점령하고 있다

봉당에 누워 있는 왜낫 달빛을 베고 있고

헛간에 걸려 있는 호미는 허공을 매고 있다

마루에 볕이 들어와 머물다 가고

눈보라가 들어와 울다 가고

뒷마루에는 밤나무 그늘 들어와 산다

성산터 마을 사람들
―긴밭들 3

 긴밭들 응달마을에서 땅에 코끝 대고 거친 숨 빨딱거리면 봉화산 중턱 양지에 벼루 천지 같은 작은 마을, 열네 가구 중 상주하는 집은 사백여 년 전 터 잡은 순흥안씨 핏줄기 두 집 포함 네 집, 나머지는 가끔 오가며 생홀아비 숨 냄새 풀풀 날리는 도시 사람들, 소음에 밀려온 고요에 가슴 뻥 뚫린다며 지상천국이란다 눈 쌓인 날이면 흉터 없어진 내리막길 원래 모습 되찾으며 미끄러지듯 올린다 졸업 머지않은 네 명 아랫마을까지 눈 치우고 나면 녹초, 찐빵집에서 뿜어내는 수증기처럼 머리통에서 모락모락 김 피워 올린다 주막거리에서 막걸리 한 양재기씩 들고 열탕에서 냉탕으로 뛰어들듯 단숨에 꿀꺽꿀꺽 노래한다 다른 사람들은 여름철에 천렵하지만 그들은 눈 그치는 날마다 천렵한다 행군하듯 어깨에 제설 도구 둘러메고 궤도 이탈하지 않으려 삐뚤어진 코 가운데 처박고 어슬어슬 석양볕에 이끌려 버덩 고개 넘는

밤의 영혼들
―긴밭들 4

산이 삼태기처럼 감싸 안은 긴밭들

멀리서 개 짖는 소리

숲속 얼기설기 비켜 있는 달그림자에

흔들리는 나뭇가지 담벼락에 그리는 괴기한 그림자

오솔길 멀리서 가만가만 피어오르는 밤안개

변소 판자문 삐걱거리는 소리

장광 돌쩌귀 울어 덜렁거리는 문짝 소리

하늘로 날아가는 기러기들의 울음소리

낙엽들이 뒹구는 건조한 목소리

가로수 가지 위에 걸터앉아 흔들리고 있는 조각달

하늘 끝자락 따라 우쭐거리며 춤추는 산 주름

도둑괭이의 울음소리

성황당에서 손뼉 치며 부르는 차가운 노랫소리

오소소 떨며 등 밀어주는 마른 땀

늙은 살구나무
―긴밭들 5

밭둑에 서 있는 살구나무
매화 같은 꽃을 수만 송이 피워주는 쭈글쭈글한 자궁
고집 세고 강건한 할머니, 후덕한 마음으로
해마다 흐드러지게 피워주는 꽃에 온 동네가 훤하다
탱글탱글 영그는 푸른 살구 노랗게 익어
저절로 떨어질 때까지 한 번도 흔들어본 적 없는 살구나무는
땔나무 장사로 장만한 텃밭 지키며
지나가는 사람들 반갑게 불러 찬지 벌리는 할머니
봄에는 눈을, 여름에는 입을 즐겁게 해주는
살구씨 속에 든 달콤한 하이얀 속살 많이 먹었다
그리하여 기침 천식 기관지염 인후염을 모르고 사는
내 입속에서는 늘 달콤한 살구 맛이 난다
그러기에 그 향과 맛을 잊을 수 없는 나는
살구가 살구씨를 품고 있는 그 껍질 밖에서 살아
늙은 살구나무의 산통이 들어 있는
살구씨로 만든 염주 알 쥘 때마다 손바닥에 새겨지는
촉감, 아— 아득한 그 그리움

상두
―긴밭들 6

장에 다녀오던 저물녘
별안간 진통 찾아와 콩밭에 들어가 해산했대서
돌림자 상(相)에 두(豆)자를 붙여 상두라 이름 지었다 한다

콩알 상판에다가 두부처럼 물러터진 아들이
강가에 매어놓은 배처럼 늘 조마조마했다는 청양댁

사업자금 내놓으라는 아들의 어깃장에
어떻게 제 태어난 본적을 내다 팔 수 있겠느냐며
눈에 흙 들어가기 전 어림없는 수작이라고
오늘도 고개 절레절레 흔들어댄다

좋은 친구
—긴밭들 7

사십이 년 만에 귀향한
도회지 불빛에 쫓겨 밀려온 어둠과 고요 빼곡하다
건너 주막에서 아슴아슴 새어 나오는 불빛만 아련하다
막걸리 마시러 가려면 돌부리에 넘어지거나
곡식을 짓뭉개거나 도랑에 빠지기 일쑤다
그런 날은 별꽃들이 현란하다
그 꽃들 자박자박 내려와 수런수런 이야기하는 날이면
풀벌레 울음소리 밟힐까 제대로 다니지 못한다
소음 어둠 고요들이 내 몸속을 수없이 드나든다
하지만, 끝내 공간을 지키는 것은 어둠과 고요라는 것
나뒹굴다 제풀에 지치는 소음 어둠과 고요 이긴 적 없다
최종 승자는 밤 가시처럼 까슬까슬한
가을 햇살까지 죄다 삼켜버리는 어둠과 고요다
읽거나 쓰는 나에게는 참 좋은 친구다

항아리
—긴밭들 8

빈집 장광에 놓인 금 간 항아리 빗물 고인 바닥에

밤이면 별과 달 들어와 글썽거리고

한낮에는 건달 같은 뜬구름 들어와 한숨 붙이다 간다

한때 고추장 된장 간장 담그며 뜨겁게 삭았던 적 있는,

이사 가는 자식들에 버림받은 뒤 홀로 남겨진 노인

천천히 자연으로 돌아가는 중이다

긴밭들에 가서 살고 싶다
―긴밭들 9

  하여, 현란한 풍경보다 내 성장의 그림자 품고 있는, 무릎까지 눈 쌓인 시오리 등하굣길 검정고무신에 신겨 다녀도 입 한번 내밀어본 적 없던, 참외 수박 사과 무 닭 서리해도 눈감아 주던, 산토끼 꿩 물고기 개구리 잡아 허연 버짐 벗겨내며 무럭무럭 자라던, 참새 박새 콩새 꾀꼬리 직박구리 까치 다람쥐 고라니 염소 밤새 웃음꽃 피우다 쓰러진 풀처럼 뒤엉켜 잠자도 아무 일 없던, 개살구, 개복숭아, 돌배나무 등속 전구 매달고 주린 입들 시장기 쫓아주던, 사람으로 치면 족히 기이는 되었을 밤나무 오뉴월이면 발기되어 길 가는 아낙들 콧구멍 속 파고들어 춘정 발동해도 아무 탈 없던, 오십여 년 전 여린 손재주로 그린 4H 마크 10m 높이의 섬바위에 파랗게 살아있는, 고봉밥 담던 밥그릇 엎어놓은 듯 레이돔 같은 지붕에 춤, 덮지도 않게 설계된 부모 유택이 있는,

  하루 고작 버스 서너 번 다닌다 해도
  시인의 밥 수없이 파묻혀 있을 긴밭들 고랑 타고 앉아
  젖무덤 무릎에 얹고 제 살가죽 긁듯 긁어주면
  발기되어 툭툭 튀어나오는 황토색 시상(詩想)들

송풍으로 군더더기 날리다 보면
이빨 허옇게 드러내고 진저리치게 웃어줄,

무청
―긴밭들 10

상강부터
거꾸로 매달려 온갖 고난 다 겪는,
서걱서걱 서릿발 치솟는,
시퍼런 칼바람 비집고 드는,
지붕 밟고 내려온 낮 빛살 스미는,
별 없는 그믐밤 빛살 스미는,
암고양이 암내 풍기는,
할아버지 술주정하는,
함박눈 소복소복 쌓이는,
때까치 박새 참새 등속 먹이 찾는,
소나무 잣나무 등속 삭정이 부러지는,
고라니 목 빼고 입맛 다시는,
거무죽죽한 영혼들 흔들거리는,
댕댕이들 허공 북북 찢어대는,
이 소리 저 소리 온갖 소음 다 받아들이고
움켜쥔 고요 가르며 길 내주는,
오묘한 맛 왜 우려내는지 이제야
보글보글 알게 하는,

갈 들녘 바라보고 있으면
—긴밭들 11

 밤마다 풀벌레 우는 소리 갈수록 여물어 간다 성급한 오동잎 뚝뚝 지는 소리에 사람 발자국 소리인가 싶어 귀를 세운다 칼날 같은 햇살에 밥 짓던 후박나무도 도깨비 방망이처럼 생긴 열매에서 비타민제 알 같은 씨앗 울컥울컥 토해낸다 산의 옷 빛바래고 별빛 또렷해진다 앉은 자리에 그대로 꽂혀 있다는 것은 따분하다 내 안에서도 겨울 채비해야 하겠다 정년퇴직 후 텃밭에 가꾼 배추 무 알타리로 김장하고 詩를 써 봄을 불러야 하겠다 누렇게 익어가는 들녘 바라보고 있으면 마음 풍요로워진다 하지만, 아직도 재난의 응달에서 벗어나지 못한 이웃 안타깝다 '우순풍조(雨順風調) 민안락(民安樂)' 잊을 수 없다 하여, 함부로 자연 허물고 더럽히면 그 메아리 우리의 생 울린다

그리운 말순이
—긴밭들 12

사십 년 전 옆집 친구 말순이 엉덩이는
종가댁 김장배추 절이던 고무 다라이만 했고
젖무덤은 돌담 위에 얹혀 있는 누런 호박보다 크고
밥이다 빨래다 농사일이다 못하는 게 없어
부잣집 맏며느릿감이라고
산 넘어 읍내까지 소문이 자자하던,
사춘기 갓 지난 놈들까지
얼굴 파묻어보고 싶다며 입씨름하고
연애질했다는 소문만 나면 혼삿길 막힌다고
장 구경 한번 못하던,
십이 인치 나팔바지에 쫄티 유행이던 시절
젖싸개 속에 목화솜 빵빵하게 넣고 뽐내며
신작로 오르내리던 친구들 먼발치서 구경만 하던,
불알 두 쪽밖에 없는 노총각한테 시집가서
죽도록 화전 일궈 농사일만 한다는,
가려워 못 견디면 밭이랑 타고 앉아
젖무덤 무릎 위에 얹고
등이며 겨드랑이며 허벅지며 사타구니까지

제 살 긁듯 긁어주며 피워 올린 먼지로
얼굴 화장하며 살았다는,
지금껏 청상과부로
동동 구루모 한번 찍어 발라보지 못하고
생산 능력까지 중단되었다는,

염소젖에 대한 단상
—긴밭들 13

　물기 없는 풀의 새싹 상추 콩잎 고구마줄기 주고 가끔 특식으로 소나무 가지 쳐다 준다 겨울엔 볏짚 고춧대 시래기 콩깍지 쌀겨 챙겨주며 친근해진 뿔 없고 수염 없는 두 살짜리 암생이가 새끼 두 마리 낳고 젖을 생산한다 저녁나절이면 젖꼭지에 찌그러진 주전자 들이대고 엄지손가락부터 새끼손가락 순으로 차례차례 오므렸다 폈다 하며 젖 짤 때마다 네굽질 한번 한 적 없는 순덕이 둥굣길 개울가 풀밭에 묶어놓으면 사라질 때까지 고개 돌릴 줄 모르는 순덕이 성깔머리는 급격해도 젖 먹이기에 길든 아이가 울면 알아듣고 찾아와 젖 물리게 하던 순덕이 온종일 되새김질하며 눈 빠지게 기다리다 잔뜩 꼬부라진 허기에 짓눌린 시오리 하굣길 쑤욱 기어들어간 눈 눈에 띄기 무섭게 목청 떨며 불러대기 시작한다 똘똘 말린 고삐 풀어 개울로 데려간다 팅팅 불어 시뻘겋게 성난 젖통 비집으며 어기적어기적 걷는 순덕이 물 마시지해 준다 구름 손처럼 부드럽고 섬세하게 어루만지기 시작한다 붉게 달아오른 볼망둥이 뒤로한 채 애무하듯 젖몸살 풀어주며 몇 차례 젖을 쭉쭉 짜준다 물살 가르는 허연 젖 줄기에 피라미들 몰려온다 고통스럽던 젖통에 성질 급해도 싫지 않은 모양이다 모래밭에 돌멩이 베고 누워 한 아름 젖통 부여잡고 짜릿한 전율 배제하며 젖꼭지 오지게 빨아 금세 남산만 해진다 눈꺼풀 사르르 덮일 때도 있다 때론 순덕이의 젖통은 나의 밥통이었다 하여, 하매 승질머리 염소 닮아갔다

늙은 고야나무
—긴밭들 14

조춘(早春)을 꿈꾸는 그녀
몸 비록 늙었어도 꽃은 젊어
벌 나비 붐비고
열매는 달아
단것에 주린 입들 붐빈다

그녀의 몸속에는 발전소가 들어 있나 보다
육덕 흐드러진 가지에 환한 알전구 켜놓고
마당 안팎을 환히 비추고 있다

누가 주인공인가
—긴밭들 15

산속에 살다 보면
창호 들이받는 곤충, 짐승, 벌, 새소리
바람, 낙엽 부서지는 소리
이 소리 저 소리 낱낱이 잡힌다네
바람과 구름 속으로 사라진 그 소리
시냇물과 어울려 깊어가는 요즘
감자꽃과 싸리꽃이 한창이네

연한 보라색에 노란 꽃술 머금고
올망졸망 앉아 있는 꽃도 귀엽지만
은은한 꽃향기 여느 꽃에 못지않다는 것
한참 눈 씻고 그 향에 숨길 맑히고
싸리꽃을 유심히 살펴보게
홍자색 띠어 좀 쓸쓸하게 보이지만
한껏 붉게 타는 가을 입김 배어 있네
싸리비로 마당 쓸 때마다
그 가지에 달려 있을 꽃을 생각해보게
싸리꽃 향기가 물씬물씬 풍길 걸세

회춘
―긴밭들 16

부뚜막 온기 불쑥 그리워

아궁이에 참나무 장작 한 아름 지폈다

굴뚝에서 연기 피어오르고 집 안에 온기 들자

긴 잠에 빠져 있던 오두막 부스스 깨어난다

제3부

방동사니

아스팔트나 콘크리트 갈라진
틈새 비집고 들어가 뿌리내린 방동사니
악착스럽게 땅속으로 뿌리 뻗어간다
자동차 바퀴가 뭉개고 지나가고
구둣발이 짓이기며 지나가도
끈질기게 죽지 않는다
어떤 뙤약볕도 어떤 장마도 쫓아내지 못했다
저 땅의 주인은
자동차도 구두도 아닌 방동사니다
어쩌면 그들은 시위하고 있는 것이다
생존권을 주장하는 것이다

행복 수선집

베란다 한구석에 처박을 때마다
너무 괄시하지 말라던
술병 잡병 플라스틱 폐지 스티로폼 비닐
종이상자 헌 옷가지 그리고
일주일 동안 받은 스트레스로
시커멓게 뭉쳐진 가슴속 응어리까지
분리하여 케리카에 싣고 나가는 날
뺨 후려갈기고 콧등 베어 간다는
칼바람의 기습 등지려 종이상자로 울타리 치며
부탄가스통 구멍 뚫는 경비 아저씨
한때는 중소기업 사장님
IMF 한파 때 한 방에 허리 부러져
가족들 뿔뿔이 흩어진 홀아비
삐걱거리는 허리 반쯤 펴고 툭툭 내뱉는 말
이 모두 재활용센터로 가는 거예요
이 모두 행복 수선집으로 가는 거예요
구멍 난 옷만 수선하는 게 아니라
조각난 행복도 수선하는 거예요

물고기 많아지고 철새들 많아지는
함박웃음 터트릴 그런 날 앞당기는 거예요

탁상용 선풍기

회사에서 사용하던 개인 물건을 집으로 옮겼다

그중에서도 아내가 주목하는 것은 탁상용 선풍기다

한참 뚫어지게 보더니 주방으로 데려간다

사무실 컴퓨터 옆에 앉아 울적해본 적 없는 고마운 친구

지금껏 실컷 부려먹기만 했다

일찌감치 병원에 데려가 갈비뼈 깁스라도 해줄걸,

날개 보호망 손만 대면 부서진다

그런데 서재에서 또 사용하고 있으니 얼마나 심한 욕을 해댈까

하지만 아직도 가래 끓는 소리 없이 잘 돌아간다

1988년생 18W다

자식들에겐 관심 없는 골동품이다

차 안에서

수족관 안에서처럼
깜박거림 없는 동자가 떠다니는
룸이긴 한데
움직이는 옥탑방 같은 느낌
공간이 좁아 그런가
몸과 마음의 거리가 가까워지는

마음에 드는 사람이면
잊히지 않을 추억이 될 수 있는
근사한 음악이 깔리고
시간이 길어지고
많은 이야기가 오가고
무척 진솔해지는

낯선 사람과 단둘이 있다는 것은
신선한 매력
생각이 무럭무럭 자라고
출입문이 활짝 열리고

사랑이란 놈이 꿈틀거리는
참으로 묘한 데가 있는

나는 생소주에 녹는다

하루도 마시지 않으면 속이 거꾸로 선다
이슬 맺힌 파란 병 없으면 죽는 날
텅 빈 냉장고 채우라는 메시지가 뜬다
어김없이 방앗간에 들려 숨겨온 이슬이
슬그머니 밥 말아 게눈감추듯 먹어치운다
어쩌다 매실 오이 레몬 섞어보지만
생소주의 그 맛만큼 따라잡을 수 없다
아내에게 늘 건네는 틀에 박힌 말
난 여자 없이는 살아도 술 없이는 못 살아
술잔 놓는 날이면 저승사자 따라가는 날
달콤하면 쓰고 쓰면 달콤한 생소주
밴댕이젓에 삭혀진 짠지처럼 감칠맛 난다
내 생에 달라질 일 있다면 술 끊는 일
취기로 시 쓰는 것 외에 아무것도 없다

겨울 쫓는 찐빵

고요히 흘러가는 강물이 뼈를 깎다 말고

움츠려진 가슴속에 달빛 가득할 때면

빨간 페인트로 찐빵이라고 도배한 유리창 밖에 감금된

드럼통 화덕 깔고 앉은 대형 양은솥

새벽녘까지 칙칙폭폭 칙칙푹푹 노래하며

드럼 치듯 들썩들썩 신나게 춤추다가

지나가는 콧구멍 벼락같이 꿰어 끌어오는 호객으로

겨울이면 떠오르는 그 그리움

버스터미널 건너편 청자 다방
첫차보다 빨리 깨어나
홀로 뻘겋게 달아 있는 십구공탄 난로
밤새도록 움츠리고 누웠던 텅 빈 공간 달래며
모닝커피 모락모락
눈 빠지게 기다리고 있다

내복 없이 맨발로 뛰었던 옛 시절 떠올려
녹슨 시간 걸레질하려
꼭두새벽 동동 구루므에 분칠하고
빨간 뾰족구두에 고무줄 몸빼바지
문 틈새 비집는 바람에
펄럭거리는 가랑이 뜨겁게 달구고 있다

주말이면 외출 나온 군인
죄다 자리 차지하고 앉아 입에 힘주고 이마에
주름잡던 변두리 허름한 다방까지
레지의 눈총 따갑게 엽차로 버티면서

조물딱거리며 헛소리 읊어댔던 그곳은
지금도 벌겋게 달아오르고 있을까

함석지붕 처마 끝에 매달린 고드름
조금씩 길어지는 낡은 고독의 기억들 모두
꽁꽁 얼어붙은 저녁나절 지나서도
이야깃거리 가득 찬 색바랜 양은 주전자
시름없이 보글보글 끓고 있을까
뿌연 창 쓸고 가는 막차 떠나보내고

새벽 인력시장에서

이른 새벽

모이 찾아 날아오는 회색 비둘기 떼

십장 눈치 보며

움켜쥔 서푼, 그나마

요즘엔 장마통이라

공치는 날이 많아

고단한 날갯짓

하루 몸값 받아 쥐고

늦은 저녁으로 날아가는

네 주둥이는 기형(畸形)이다

감금된 물고기는 주둥이가 뭉그러졌다
자유지역에서 잡혀와 유리벽 향한 전력질주
며칠 후 제풀에 주저앉은 지역 탐구
뻥끗거리며 수없이 내뱉는 상형문자
또 유배지 선정에 골머리 앓는다
멀미약에 취한 채 끌려온 천릿길
미어터질 공간에서 단식농성으로 몸부림치다
한 방에 가야 하는 숙명의 물고기처럼
구치소에 든 주둥이도 완전히 뭉그러졌다
모른다 기억 없다 날뛰며 오리발 내밀더니
거짓말탐지기에 꼬리 내린 시커먼 묵언
언제 그랬느냐는 듯 길게 내뱉는 한숨 속 단내
숨구멍 빼놓고 전부 다 거짓말이다
이젠, 도마 위 한치처럼 미동도 없다

챔피언이었다

소낙비가 뜨겁게 쏟아지고 있다
미루나무 꺾이고 길바닥 골 파이고
봇도랑 살찌고 있다
논두렁 터지고 개울둑 터졌다
소나기 다녀간 이후
살림살이 농작물 물에 잠기고
닭과 오리들 폐사됐지만
개울물 살이 오르고
수심 깊어진 저수지
더 많은 풍경을 끌어들였다
기이한 현상도 벌어졌다
마당에서 미꾸라지 꿈틀거리고
가재가 엉금엉금 기어 다녔다
지렁이들이 길바닥을 누볐다
나도 한때 소낙비처럼
뜨겁게 생을 쏟아내던 때가 있었다
메치고 굳히고 급소 찌르는
차고 지르고 막는

선수 생활 뜨거운 소낙비였다
거리를 활개 쳤던 근육들은
얼마나 매력적이었던가 나도 한때는

자전거 보관소를 지나며

반짝반짝 은륜이 빛나던 자전거들
다 해진 엉덩이에 흙먼지가 누렇고
어깨뼈부터 다리뼈까지 온통
붉은 반점에 부스럼딱지
쩍쩍 갈라진 발바닥에선
밀반죽 같은 비듬들이 쏟아져 나와
하관을 기다리고 있다

한 시절 자전거로 먹고 살던 사람들이 있었다
짐받이용이라 불렀던 짐자전거
안장 높이 좌우 핸들에는
보조대 세 개씩 장착하고
넓고 튼튼한 짐받이에
쌀 두 가마니 연탄 수십 장 싣고
소주 콜라 사이다 박스 육 단
칠 단 쌓고 열 말들이 막걸리 나무통 싣고
이삼십 리 길 자갈 튕기며 언덕배기 오르던
이두박근 삼두박근

무쇠 다리의 억센 사내들

이제는 임종을 눈앞에 둔,
늙고 지친 가축들처럼
함부로 널브러진 고물들

눈발들

늙고 지친

어느 날부터인가 눈 오는 게 싫어졌다

하늘하늘 내리는 음표들의 율동

사그륵사그락

나뭇가지마다

바람의 낙하산 타고 내려와 착지도 하기 전에

모닥불로 뛰어들어 장렬하게 전사하는

도미

벌건 대낮에 칼 맞는 꿈을 꾸었어요
사색이 된 몸통 도마에 눕혀놓고
칼등으로 머리통을 냅다 갈겨요
팔다리 꽁지 툭툭 쳐내고
뱃가죽 푹 쑤셔 쭉 내려 긋고
뼈를 피해 살살 눕혀가며
속살 남김없이 사시미 떠요
접시에 깔려 마지막 하는 말
서해에 사는 놈들은
물살 약한 물렁물렁하고
동해에 사는 놈들은
물살 세어 쫄깃쫄깃해요
얕은 물에 사는 놈들은
수압에 약해 물렁물렁하고
깊은 물에 사는 놈들은
수압에 강해 쫄깃쫄깃하다며
입속에서 오래 머물고 싶다고 해요
아가미 벌렁거리며

상조보험

황천길도 노잣돈이 든다면
자신은 돈이 없어 가지 못한다고
천상병 시인 생전에 가난을 한탄했지만

이제 보험에 가입하지 않은 자
죽어 저승에 이르지 못할 것이다

기대 수명 백세 시대
품앗이 장례문화 점점 사라지면서
독버섯처럼 창궐하는 상조보험들

하지만, 상조업체들
보장 범위와 절차에 대한 과도한 선전으로
신성한 죽음 상품화하고 서열화하여
추문화를 부채질한다

보험에 가입하여
저승길 노자 스스로 마련하는 이들도 있다

하지만, 보험 들지 못한 가난한 가장들
장례 치를 걱정에 밤잠 설치고 있다

신을 모시고 산다

집집마다

현관에 층층이 차려진 신당이 있다

펌프스, 플랫폼슈즈, 로퍼, 플랫슈즈,

메리제인 슈즈, 앵클 스트랩 슈즈, 부츠,

모카신이라고 알려진 신들이 모셔져 있다

화장실 다용도실 베란다에도 있다

시달린 날엔 바닥에 널브러져

드렁드렁 코 골며 잠꼬대한다

외상 입은 날엔 병원에 가서 치료받는다

그러다 신기 다 빠지는 날엔

버림받는다

낚시터

겨우내 꽁꽁 얼어 있던 저수지가
밤낮 쩡쩡 소리 내며 산고 치르고 있다
이 무렵이면 슬슬 봄맞이해야 할 시기
삼동에 쌓인 쓰레기 치우고
망가진 좌대 고치는 사이
많이도 따뜻해진 햇볕
낚시꾼 줄줄이 몰고 온다

한갓진 곳 찾아 진 치고 앉은 낚시꾼
지루한 득도에 이르다 보니
물고기도 자유롭지 못한지 줄담배 피워댄다
고요한 수면에 파문 일으켜야 할 낚시찌
낮 빠져나간 어스름인 줄 모르고
떡하니 가부좌 틀고 앉아 선정에 들어 있다
칠흑의 어둠 다 긁어모으며

제4부

헛개나무

 잠자면서까지 농사짓기 싫다고 지겹다고 진저리난다고 차라리 죽는 게 나을 거라고 노래하며 사십여 년간 술 달고 살다 벽에 기댄 아버지 눈빛 기괴하다 대접에 막걸리 따라 입에 대준다 꿀꺽꿀꺽 게걸스럽게 들이키신다 그에게 술은 밥이다 사시나무 떨듯 온몸 떨며 시도 때도 없이 밥을 마신다 조석으로 방을 정리한다 지팡이 닿을 거리에 요강 담배 재떨이 라이터 물주전자 수건 등을 놓는다 아버지는 나를 한 번도 안아준 적이 없다 헛개나무 열매가 간에 좋다는 말을 전해들은 어머니는 가을이면 산을 탔다 그 열매 달인 물 먹으면 술이 다 헛것이라는 말 사실이었는지 거무죽죽한 얼굴색 원래대로 돌아왔다 죽자 살자 산 타던 어머니 어디서 전해들었는지 화전 농법으로 비탈밭 일궈 열매를 뿌렸다 이듬해 봄 무성한 잡초 속에서 대여섯 개 싹을 찾아냈다 지팡이로 벽을 두드리면 소리의 강약에 따라 목마르다 배고프다 요강 찼다 등의 말뜻 용하게 알아듣던 어머니 아버지 기력 살려놓으신 뒤 돌아가셨다

백일홍

 황룡이 하늘로 오른 터라 하여 이름 한 금룡사에서 삼칠일도 안 된 백일홍 백여덟 포기 얻어다 옥류산방 뜰에 심었다 속세로 돌아왔더라도 노랑 빨강 하양 등속의 두상화 피워 백일간 꿀 보시 잘하면 강원 졸업 인정해준다고 했다 김매며 흙 북돋워주고 거름 주고 물 주며 정성 다해 가꾼다 뭐가 불편한지 수척해지며 잎 하나둘 말라비틀어진다 몸뚱어리에 흰 털을 내고부터 산들바람에도 바스락 소리를 낸다 며칠 후 이파리를 자세히 들여다보니 하얀 진드기에 에워싸여 바글바글 공양 되고 있다 보는 사람마다 살충제를 치라고 하지만 기도 정진하는 보살들의 합수로 보여 차마 약을 치지 못했다 시름시름 앓던 그들은 하나둘 말라죽는다 성한 것만 골라 제자리로 옮겨 정성껏 심어주었다 주지 스님한테서 전화가 왔다 오늘 사시에 백일기도 회향한다고

성탄목

대형교회 앞마당으로 이주해온 날로부터
우리는 사람들을 위한 기쁨조가 되었어요
해마다 크리스마스 시즌이 돌아오면
우리들의 고난주가 시작돼요
예수 탄생을 축원하기 위해
형형색색의 꼬마전구 주렁주렁 매단
오랏줄에 온몸 결박당한 채 찬란히 밤을 밝혀야 해요
추위만도 버거운데 왜 이런 수난 받아야 하나요
수면 부족으로 피 말려야 하는 우리
이주했을 때만 해도 기뻤어요
피아노 반주에 맞춰
때마침 불어오는 바람에
이파리 파랗게 뒤집어대며 박자를 맞추었어요
크리스마스 시즌은 고난의 시즌
돌아오는 봄날에 잎갈이 늦어지고
작년처럼 올해도 열매를 맺지 못하고 있어요

거룩한 행자

산책 왔다가 목탁 소리에 귀 뚫린 진돗개
날마다 찾아와 무릎 꿇고 불공드린다
턱이 땅에 닿도록 절하는 법 배우고
목탁 채 입에 물고 목탁 치는 법 배우고
산그늘 두꺼워지는 저녁이 오면
싹싹 핥아 바리때 닦는 저녁공양 끝으로
산문 밖으로 나서는 진돗개
어쩌다 법사가 집으로 찾아가면
법문 들을 욕심에 넙죽 삼배 올리고
냉장고에서 음료수 꺼내다 주는 진돗개
전생에 사찰 이웃에 살았거나
스님 되고 싶은 거사가 환생하였다고
찾아오는 신자들 허리 굽혀 합장하면
꼬리 흔들어 화답하는 진돗개
목탁 속 검은 공 빼내는 수행에 전념한다고
승복 입고 염주 걸고 모자 쓰고
가사 바리때 받는 날 얼마 남지 않았다고
탁발로 토굴 찾아가 가부좌 틀 것이라고

관세음보살 관세음보살
나무관세음보살

모과

울퉁불퉁한 형상에 까칠해 보이는 얼굴

무럭무럭 여물어

알싸한 향 뿜어 사방으로 뿌려댄다

좀처럼 벌레를 타지 않는 그녀는

성질 급한 사람에게 신맛 주고

느긋한 사람에게 새콤달콤한 맛 주는

쉽사리 마음 열지 않는 독한 여자다

그녀의 낯을 탓하지 마라

숨은, 새콤달콤한 맛 보여주는 뜨거운 존재다

냉이의 생존경쟁

방사상 모양으로
잎을 땅 위에 바짝 붙인 채 겨울 난다
찬바람 견디기 위해 잎을 옆으로 펼친 채
햇빛으로 보글보글 밥 지어
내년 봄에 쓸 수 있도록 뿌리에 비축해두는 것이다

겨우내 납작 엎드린 자세는
수비가 아니라 공격을 위한 수단이다

'남보다 먼저 하는 것이 좋다'는 속담처럼
라이벌 없는 시기에 꽃피워
찾아오는 벌, 나비들 독차지한다
겨울을 이용하는 지혜
아, 기특하다

소상(小祥)

사망확인서에 이렇게 기록했다
1992년 8월 4일 경기도 안산에서 출생
품종 영국산 요크셔테리어
이름 덤보
보호자 안원찬
2007년 9월 16일 아침 6시 35분
경기도 용인시 수지구 성복동 자택에서
총각 신분 노환으로 사망

똥오줌 못 가리고 말귀 알아듣지 못한다고 온갖 잔소리와 구박에 폭행까지 받았지 너는 / 시뻘건 전기인두에 꼬리가 잘리기도 하였지 너는 / 발정 난 네 눈빛 간절해도 끝끝내 모른 체했지 나는 / 사소한 잘못 저지를 때마다 벌방에 가두곤 했지 나는

덤보야
오늘로 네가, 경기도 광주 아롱이 천국에서 화장되어
봉녕사 수령 800년 향나무에 온 지 일 년 되는 날이다

한 가지에서 한 가지로 넘나드는 산새들 독경 소리 드높고
개망초 구절초 쑥부쟁이 절로 퍼렇다

해우소

떡잎 버려야

꽃피우는 들풀

묵은 가지 떨어뜨려야

새잎 여는 나무

번뇌와 망상

뿌리째 밀어내버려라

구취

잠자고 일어날 때마다
입속에서 독한 시간의 냄새가 난다

혓바닥 날름거릴 때마다 스멀스멀 기어 나온다

기겁하고 뒷걸음치는 그녀
당신 몸의 기관들 죽어가고 있는 증거라며
술 작작 마시란다

칫솔질 정갈하게 해도
사이사이 주검들 남아 있었는가 시체 냄새가 난다

구더기 성찬 마치고 남은 찌꺼기
왜, 하필 윗구멍을 선택한단 말인가

너는 알고 있는 것이다
죽음이 점점 가까워진다는 것을

그토록 날 미워했던 당신은

일흔 살 잡수실 때까지
막내 재롱에 장남 잊고 살던 당신은
기저귀 차고서야
며느리에게 젖을 물렸습니다

꼬박 다섯 달째 누워 있던 당신은
그만 못할 짓을 했구나,
입 다문 지 사흘 되던 날 아침
'아이고 나 어떻게'
마지막 소리치며 자지러졌습니다

피부 노래지고
가래 끓고
손발 차가워지고
허리 내려앉고
눈 뒤집히고
입 돌아가고
기억의 줄기와 조각 그리고

서걱거리던 지난날들까지
산산이 바스러지던

죄 많은 세상이라
한 번도 뒤돌아보지 않으시고
그 저녁,
붉게 토하는 노을 타고 가셨습니다
그토록 날 미워했던 당신은

사랑의 매개자들
―산딸나무

유월은 온통 초록의 시간이다

이 계절에 피운 연초록빛 작은 꽃

진초록 바다에 묻히게 된다

빈약한 꽃 돋보이게

몇몇 잎들 흰색으로 분장해

꽃처럼 보이게 둘러싸고

사랑 실현해줄 매개자를 부른다

애틋한 그 정성에 화답하며

멀리서 날아드는 벌과 나비들

등나무와 호박벌
―선기와 효은이

포도송이처럼 피어난 연보라 등꽃 속으로
호박벌 한 마리 붕붕거리며 다가와 기우뚱 착지할 때
등나무는 기다리고 있었다는 듯
아래 꽃잎 활짝 세워 발판 만들어준다

이윽고 낮게 비행하며
꽃의 계곡 속으로 파고드는 호박벌에게
등나무는 꽃잎 속 수술 내밀어
꽃가루가 골고루 몸에 묻게 해주고 있다

호박벌의 입구이자 출구인 꽃에서
호박벌이 나오면
가까운 미래에 등나무는 열매를 얻을 것이다

등나무는 호박벌이 고맙다
자신의 몸속에 쟁인 꿀을 기꺼이 내주고 있다

별꽃

꽃잎이 하도 작아
벌들 눈길 끌 수 있게
토끼 귀처럼 한 장을 반으로 갈라 두 장처럼 보이게 한다

꽃필 때는 위로 향해 피고
씨앗 여물 때는 아래로 늘어뜨리고
씨앗 떨어뜨릴 때는 고개 바짝 쳐든다

신발 바닥 따위에 붙어 멀리 이동하기 위해
돌기 가득 돋아 있는 씨앗
어디에서나 잘 자라는 흔하디흔한 잡초다

땅 위에도 별이 있다는 걸 사람들은 모른다
작은 하얀 꽃에 눈길 주는 사람 없다

세탁소

세탁소는 주름공장이다

날마다 주름 만들어 판다

여섯 식구 의식주다

공부시키고 시집 장가보낸다

주름 지우는 주인

얼굴 주름 늘어간다

나비랑 나랑

노란 저고리 입고
꽃방석에 앉아 있는
네 모습이
참으로 예쁘기도 하구나

친구가 없는 거니
갈 곳이 없는 거니

나랑 친구하면 안 될까

난 꽃 피워주고
넌 중매쟁이 하고

그렇게
함께 살면 안 될까

해설

일상성의 시학
—안원찬의 『거룩한 행자』 읽기

오민석 문학평론가·단국대 교수

I.

앙리 르페브르(H. Lefebvre)에 의하면 일상성(everyday life)은 "환상과 진실, 권력과 무력(無力), 인간이 제어 가능한 영역과 제어 불가능한 영역이 교차하는 곳"이다. 일상성은 육체와 정신, 세속적인 것과 성스러운 것, 진실과 거짓, 사랑과 증오, 생명과 죽음, 자유와 구속, 사실과 신비 등 이 세상에 존재하는 모든 이항대립이 마주치며 길항(拮抗)을 이루는 곳이며, 그 모든 모순의 (끝없이 다양한) 스펙트럼이 기록되는 공간이다. 그것은 모순적인 것들의 충돌이 그 자체 에너지를 이루는 곳이며, 그리하여 단 한순간도 멈추지 않고 끊임없는 생성의 과정에 있는 거대한 몸이다. 일상성은 체제(system)의

구성물이자 체제를 바꾸는 힘이며, 체제에 구속당하면서 동시에 체제를 변화시키는 힘이다. 일상성은 모든 사상과 예술의 기원이자 그것들의 창의적 실천을 가능하게 하면서 동시에 방해하는 것이기도 하다. 시인들이 일상성과 관계를 맺는 방식은 매우 다양하다. 리얼리스트들은 일상성에 침잠하여 그것의 근저에 있는 자기운동 법칙을 '재현'하고, 초현실주의자들은 규범과의 단절을 통해 일상성을 극복하고자 한다. 그들은 일상성 너머에 있는 현실을 끌어들여 일상성과 대비시킴으로써 일상성의 권태와 무력과 무의미에서 벗어나고자 한다. 어떤 식으로든 일상성은 존재와 경험의 공간이자 동시에 극복의 대상이다.

안원찬 시인은 스스로 일상성의 한 부분이 되어 일상성과 동일한 층위에서 일상성을 불러낸다. 그는 일상성을 거부하지 않고, 그것을 넘어서려고도 하지 않는다. 그와 일상성 사이에는 특별한 '친족 유사성(family resemblance)'이 존재한다. 그는 마치 들판의 한 나무가 다른 나무를 쳐다보듯이 스스로 일상성이 되어 다른 일상성을 쳐다'본다.' 그는 일상의 지평에 펼쳐져 있는 무수한 사물들을 세밀하게 관찰하며 그것들을 통하여 삶과 죽음, 기쁨과 애통, 희망과 허무, 욕망과 결핍을 읽어낸다. 일상성의 콘텐츠들은 그대로 시인 자신의 콘텐츠이기 때문에 그의 시에서 주체와 대상 사이에는 심각한 충돌이 없다. 그는 또한 일상적인 것들과의 대화를 통하여 일상성 너머의 큰 이야기(grand narrative)로 넘어가지도 않는다. 이런 점에서 그는 '일상주의자'이다. 그의 시들은 일상이 불러낸 일상의 이야기들이다.

> 밭둑에 서 있는 살구나무
> 매화 같은 꽃을 수만 송이 피워주는 쭈글쭈글한 자궁
> 고집 세고 강건한 할머니, 후덕한 마음으로
> 해마다 흐드러지게 피워주는 꽃에 온 동네가 훤하다
> ―「늙은 살구나무―긴밭들 5」 부분

화자에게 살구나무는 (무한정 주기만 하는) 환대의 오랜 기원이고 역사이다. 그것은 타자인 화자에게 오로지 "후덕"할 뿐이므로, 화자와 아무런 긴장관계를 형성하지 않는다. 자궁이 "쭈글쭈글"해지도록 "흐드러지게" 베푸는 사랑 때문에 "온 동네가 훤하다". 시인은 이 시집에서 수많은 일상의 객체들을 호출하는데 그중에서도 주체―대상 사이의 행복한 합일을 보여주는 대상은 대부분 자연물들이다.

> 그녀의 몸속에는 발전소가 들어 있나 보다
> 육덕 흐드러진 가지에 알전구 켜놓고
> 마당 안팎을 환히 비추고 있다
> ―「늙은 고야나무―긴밭들 14」 부분

시인은 "늙은 고야나무"에 흐드러진 "육덕"을 부여함으로써 그것을 유구한 생명의 반열에 올려놓는다. 주체와 대상 사이에서 이 살아있음의 교접이 일어날 때 '행복한' 주체가 탄생한다. 그러므로 안원찬 시인에게 자연물은 돌아가야 할 고향이고, 지복(至福)의 공간이며, 모순이 없는 영역이다.

II.

안원찬의 일상성에 긴장이 틈입하는 것은 그가 다름 아닌 사람의 일상을 들여다볼 때이다.

> 내 몸에 난 아홉 구멍에서는
> 눈물 눈곱 귀지 콧물 코딱지 침 가래
> 오줌똥이 나오고
> 머리통 속에는 뇌수
> 몸통 속에는 점액 진물 지방 피 관절액
> 쓸개즙 기름 가득 차 있고
> ─「내 몸은 오물투성이다」 부분

시인은 자신을 더 이상 낮출 수 없는 지경까지 낮춘다. "오물투성이"라는 주체 인식 안에서, 자연물을 만날 때 그가 보여주던 '지복'의 순간은 사라지고 비극적 인식의 '심란함'이

들어선다. 그러나 냉정하게 생각해보면 그가 자연물과 행복한 합일에 도달할 수 있는 것은 이렇듯 자신을 낮추고 비우기 때문이다. 자연물보다 자신을 높이는 자에게 자연물은 지복의 순간을 주지 않는다. 그러므로 자신을 "오물투성이"라 인식할 때 지복의 순간은 사라지는 것이 아니라, 비로소 나타나기 시작한다고 보아야 옳다.

>땅 위에도 별이 있다는 걸 사람들은 모른다
>작은 하얀 꽃에 눈길 주는 사람 없다
>―「별꽃」 부분

  땅 위의 작은 별에 눈길을 주는 사람은 오로지 자신을 그 꽃보다 낮은 곳에 위치시키는 사람이다. "별꽃"보다 자신을 우위에 놓는 주체에게 그 꽃은 보이지 않는다. 그러므로 아무나 자연물과의 행복한 합일에 도달하는 것이 아니다.
  그렇다면 무엇이 안원찬의 시적 주체를 이렇게 낮추어 놓았나. 그것은 물론 자성(自省)의 힘이겠지만, 일정 정도 가계에 얽힌 경험이기도 하다. 「헛개나무」는 사십여 년간 술을 밥처럼 달고 살다 세상을 뜬 아버지에 대한 기억을 담고 있다. 이 시의 중간에서 우리는 "아버지는 나를 한 번도 안아준 적이 없다"(!)는 무거운 문장을 만난다. 이 문장은 다시 「그토록 나를 미워했던 당신」이라는 제목의 시로 이어지는데,

기억의 줄기와 조각 그리고
서걱거리던 지난날들까지
산산이 바스러지던

죄 많은 세상이라
한 번도 뒤돌아보지 않으시고
그 저녁,
붉게 토하는 노을 타고 가셨습니다
그토록 날 미워했던 당신은
　　　　　―「그토록 나를 미워했던 당신」 부분

　화자에게 있어서 가계에 얽힌 일상은 이렇듯 미움으로 얼룩져 있다. "죄 많은 세상"을 만드는 것은 늘 사람들이어서 시인에게 고통의 일상을 부여하는 것은 오로지 사람이며 사람들이 만들어낸 관계이다.

잠자고 일어날 때마다
입속에서 독한 시간의 냄새가 난다

(……)

구더기 성찬 마치고 남은 찌꺼기

왜, 하필 윗구멍을 선택한단 말인가

　　너는 알고 있는 것이다
　　죽음이 점점 가까워진다는 것을
　　　　　　　　　　　　　─「구취」 부분

　그러나 화자는 자신이 받은 미움을 대상에게 되갚지 않고 자신에게 전이시킨다. "그토록" 그를 "미워했던 당신"은 이제 더 이상 "당신"이 아니라 바로 그 자신, 즉 "나"다. "오물"과 "구취"와 "죽음"으로 형상화된 주체보다 더 낮은 주체를 상상하기 힘들다. "독한 시간의 냄새" 속에서 자신을 끝없이 낮추기란 얼마나 힘든 일인가. 그것은 오로지 고통스러운 만행(萬行)을 거친 자만이 도달할 수 있는 경지이다. 만일 '해탈'이라는 것이 가능하다면, 그것은 이렇게 가장 먼저 자신을 내침으로써 시작될 것이다.

III.

　그가 어떤 과정을 통해 '만행'을 했는지 알 수 없지만, 어쨌든 그는 이미 불심(佛心)의 깊은 세계에 들어가 있다. 만행의 과정을 세세히 언급하지 않지만, 그는 지금 욕망, 탐심, 증오, 질투, 아집의 자아를 버리고 '나무관세음보살'의 저 청정하고 겸허하며 자비로운 세계를 향해 있다.

    산책 왔다가 목탁 소리에 귀 뚫린 진돗개
    날마다 찾아와 무릎 꿇고 불공드린다
    턱이 땅에 닿도록 절하는 법 배우고
    목탁 채 입에 물고 목탁 치는 법 배우고
    산그늘 두꺼워지는 저녁이 오면
    싹싹 핥아 바리때 닦는 저녁공양 끝으로
    산문 밖으로 나서는 진돗개
    어쩌다 법사가 집으로 찾아가면
    법문 들을 욕심에 넙죽 삼배 올리고
    냉장고에서 음료수 꺼내다 주는 진돗개
    전생에 사찰 이웃에 살았거나
    스님 되고 싶은 거사가 환생하였다고
    찾아오는 신자들 허리 굽혀 합장하면
    꼬리 흔들어 화답하는 진돗개
    목탁 속 검은 공 빼내는 수행에 전념한다고
    승복 입고 염주 걸고 모자 쓰고
    가사 바리때 받는 날 얼마 남지 않았다고
    탁발로 토굴 찾아가 가부좌 틀 것이라고
    관세음보살 관세음보살
    나무관세음보살

―「거룩한 행자」 전문

　표제작이기도 한 이 시는 비록 "진돗개"를 행자로 끌어들이고 있지만 불심의 생활에 흠뻑 젖어 있는 한 존재를 그리고 있다. 이 시는 크게 두 가지 무의식의 층위를 가지고 있다. 그 하나는 '개'도 "거룩"할 수 있으니 보잘 것 없는 사람도 얼마든지 그렇게 될 수 있다는 믿음이다. 이러한 믿음은 자신을 최대한 낮춘 자에게만 허락되는 통찰이다. 또 하나는 그것이 비록 '계율'의 수준일지라도 일거수일투족을 불심의 생활에 충실하고자 하는 소망이다. 시 속의 진돗개처럼 "탁발로 토굴 찾아가 가부좌" 틀고 "관세음보살"을 암송하는 것은 만행의 끝에서 수행자가 지속하길 소망하는 "거룩한" 평정의 시간이다.

　　떡잎 버려야

　　꽃피우는 들풀

　　묵은 가지 떨어뜨려야

　　새잎 여는 나무

번뇌와 망상

뿌리째 밀어내버려라

　　　　　　　　　　　—「해우소」 전문

앞에서 시적 화자는 자신을 "오물투성이"라고 했거니와 이 시에서 "오물"은 "떡잎"과 "묵은 가지"로 환치된다. 그것들은 그 자체 '더러운 것'이 아니라 "꽃피우"고 "새잎"을 열기 위한 선행(先行)의 산물이다. 그런 의미에서 "오물투성이"의 "몸"은 "번뇌와 망상"의 덩어리였고, 그는 그 번뇌와 망상을 "뿌리째 밀어내"기 위하여 "몸"에 "오물투성이"라는 이름을 부여했던 것이다.

친손자 즐겨 먹는 계란프라이 할 때마다

프라이팬 위에서 지글지글 익어가는 소리가

내게는 꼭 살 타는 소리로만 들린다

유정란은 아직 생명이 살아있는 계란

그러니까 불심 깊은 나는

친손자의 입맛을 위해

서슴없이 살생을 저지르고 있는 셈이다

아, 새삼 생각하니

삶이란 얼마나 기막힌 농담인 것인가
—「유정란」 전문

밑바닥에서 시작해 저 높은 불심을 향해 갈 때 그가 부딪히는 것은 일상성의 모순이다. 일상성은 그 자체 불성(佛性)이 아니므로 가역적인 것/비가역적인 것, 거룩한 것/속된 것들의 모순으로 이루어져 있다. 불심이라는 동일성이 모순의 일상성을 관통해나갈 때 수행자들은 무수한 좌절에 부딪힐 수밖에 없다. 일상성은 이 "기막힌 농담"들의 집합이며, "친손자의 입맛을 위해/서슴없이 살생을 저지르는" 모순을 견디는 것이다. 이 모순은 주체를 끝없이 작게(주눅 들게) 만들며 교만(자만)의 기회를 주지 않는 기제이므로, 그 자체 수행의 필수조건이다. 이 모순의 변증법이 일상성의 문법이고, 거룩한 모든 것들은 이것을 관통해야 하므로 세상은 가볍고도 무거우며, 성스럽고도 천하다.

IV.

 이쯤 되면 우리는 앞에서 언급했던 바, 그가 일상의 자연물과 맺는 관계의 속성을 더욱 깊이 이해하게 된다. 모순의 변증법이 지배하는 공간은 오로지 인간의 영역일 뿐이다. 그가 긴장과 갈등을 경험하는 일상의 사건들은 모두 '사람의 마을'에서 일어난다. 사람의 마을이 그를 낮추고, 그를 높이며, 그로 하여금 불성을 찾는 행자가 되게 만든다. 반면에 일상의 자연물들은 그와 늘 행복한 합일상태에 있다. 그렇게 보면 일상의 자연물들이말로 그 자체 붓다이다. 그것들은 열반에 이르는 과정도 없이 이미 열반에 가 있는, 부처되기의 고행도 없이 이미 부처가 되어 있는 존재들이다. 그러므로 세속의 행자가 교제하기 가장 원하는 대상은 일상의 자연물들일 수밖에 없다. 그것은 모순으로 주체를 괴롭히지 않으며, 도달해야 할 정신의 경지를 강요하지도 않는다. 그것들은 그저 존재할 뿐이며, 존재 자체로 충일한 존재들이다.

 안원찬 시인이 일상성의 (어찌 보면 무료한) 세계에서 특별히 집중하는 것이 또 하나 있는데, 그것은 바로 '생명성'이다. 그는 "늙은 살구나무(쭈글쭈글한 자궁)"가 꽃을 피워내는 것에 감탄하며, "늙은 고야나무"가 꽃의 "알전구 켜놓고/마당 안팎을 환히 비추"는 장면에 넋을 잃는다.

    부뚜막 온기 불쑥 그리워

아궁이에 참나무 장작 한 아름 지폈다

굴뚝에서 연기 피어오르고 집 안에 온기 돌자

긴 잠에 빠져 있던 오두막 부스스 깨어난다
─「회춘─긴밭들 16」 전문

군이 프로이트를 적용하지 않더라도 "아궁이"는 여성 성기의 상징이고, 그 안으로 들어가는 "참나무 장작"은 남성 성기의 상징이다. "회춘"이라는 제목은 이렇게 죽음의 "오두막"이 다시 생명의 세계로 회귀하는 과정을 설명한다.

아스팔트나 콘크리트 갈라진

틈새 비집고 들어가 뿌리내린 방동사니

(……)

자동차 바퀴가 뭉개고 지나가도

구둣발이 짓이기며 지나가도

끈질기게 죽지 않는다

(……)

저 땅의 주인은

자동차도 구두도 아닌 방동사니다
─「방동사니」 부분

이 외에도 그는 죽음의 상징인 「폐교」를 가득 메우고 있는 생명체들의 아우성을 그리는가 하면, "잎을 땅 위에 바짝 붙인 채 겨울"을 나는 「냉이의 생존경쟁」을 경이의 시선으로 바라본다.

 무릇 모든 의미는 생명과 더불어 시작되고, 지속되며, 끊임없이 생성된다. 그러나 바로 그 생명성은 갈등과 욕망과 혼란과 죽음의 원인이기도 하다. 딜런 토마스(D. Thomas)의 시 구절처럼 "초록 도화선으로 꽃을 몰아가는 그 힘이/내 초록 나이를 몰고 간다; 나무의 뿌리를 말리는 그 힘이/나의 파괴자이다."(「초록 도화선으로 꽃을 몰아가는 그 힘이」) 역설적이게도 생명을 몰고 가는 힘이 늙음을 가져오고 늙음이 죽음을 가져온다. 이런 점에서 삶이란 결국 '색즉시공 공즉시색'의 현실을 견디는 것이다. 그런 의미에서 우리 모두는 "거룩한 행자"들이다. 그의 시들은 그가 모순으로 가득 찬 일상성의 숲을 만행하면서 응결시킨 작은 열매들이다.

이 도서의 국립중앙도서관 출판시도서목록(CIP)은 서지정보유통지원시스템 홈페이지(http://seoji.nl.go.kr)와 국가자료공동목록시스템(http://www.nl.go.kr/kolisnet)에서 이용하실 수 있습니다.(CIP제어번호: CIP2018024973)

문학의전당 시인선 0288

거룩한 행자

ⓒ 안원찬

초판 1쇄 인쇄	2018년 8월 13일
초판 1쇄 발행	2018년 8월 20일
지은이	안원찬
펴낸이	고영
책임편집	서윤후
디자인	헤이존
펴낸곳	문학의전당
출판등록	제2017-000002호
주소	서울시 마포구 마포대로 11길 91, 3층
전화	02-852-1977 팩스 02-852-1978
전자우편	sbpoem@naver.com

ISBN 979-11-5896-379-8 03810

* 이 책의 판권은 지은이와 문학의전당에 있습니다.
* 양측의 서면 동의 없는 무단 전재 및 복제를 금합니다.
* 잘못 만들어진 책은 바꿔드립니다.
* 이 시집은 2018 (재)홍천문화재단 지원금으로 발간되었습니다.